LIVRE DE RECETTES IG BAS

50 RECETTES IG BAS RAPIDES ET FACILES

SOMMAIRE

Introduction

Qu'est-ce que l'indice glycémique (IG) ? 1
Les aliments à faible IG sont-ils plus sains ? 2
Les aliments à faible IG peuvent-ils m'aider à perdre du poids ? 3

Recettes de plats ig bas

Riz chou-fleur sauté aux crevettes 4
Boulettes de poulet avec des zoodles 6
Saucisse avec légumes et pois chiches 8
Lentille au beurre indienne 10
Poulet Jalapeno au fromage 12
Poulet au chili vert 14
Ragoût de moussaka libanaise 16
Pain de viande 18
Soupe fajita au poulet 20
Plateau de saumon et brocoli au soja 22
Salade de taboulé 24
Courge spaghetti Jambalaya Cajun fruits de mer 26
Kedgeree de maquereau fumé 28
Picadillo à la mangue 30
Curry de patates douces et haricots noirs 32
Risotto à l'orge, au poulet et aux champignons 34
Œufs au four à l'avocat 36
Fajitas de poulet à la poêle 38
Spaghetti à la bolognaise 40
Soupe au chou-fleur végétalienne 42
Coquetiers d'œufs au bacon et aux épinards 44
Poulet au four à l'orientale 46
Pâtes à la pancetta et au taleggio 48

Sauté de porc à la teriyaki 50
Fajitas de bœuf 52
Jarrets d'agneau avec orge, petits pois et menthe 54
Soupe végétalienne carottes rôties et lentilles 56
Salade de thon à la chayote 58
Soupe instantanée poulet haricots blancs 60
Côtelettes de porc crémeuses instantanées 62
Rouleau d'oeufs dans un bol 64
Pâtes au sarrasin oignons caramélisés petits pois 66
Salade de thon à la niçoise 68
Riz frit au quinoa 70
Soupe de crevettes au curry et à la noix de coco 72
Wraps de laitue au saumon 74
Pâtes à la courgette 76
Chou-fleur en purée 78
Chou-fleur brouillé 80
Poivrons farci 82
Steak Salisbury 84
Frites de courgette 86
Lasagnes de courgette 88

Recettes de petit-déjeuners ig bas

Pain à la banane 90
Gâteau au fromage 92
Cookies pour le petit-déjeuner 94
Brownies aux dattes 96
Muffins aux pommes et aux épices 98
Pancakes 100
Croustillant aux fraises et à la rhubarbe 102

INTRODUCTION

Qu'est-ce que l'indice glycémique (IG) ?

L'indice glycémique (IG) est un système d'évaluation des aliments contenant des glucides. Il indique à quelle vitesse chaque aliment affecte votre taux de sucre dans le sang (glucose) lorsqu'il est consommé seul.

Aliments à IG élevé

Les aliments contenant des glucides qui sont décomposés rapidement par l'organisme et provoquent une augmentation rapide de la glycémie ont un IG élevé. Voici quelques exemples d'aliments à IG élevé

- le sucre et les aliments sucrés
- les boissons gazeuses sucrées
- le pain blanc
- les pommes de terre
- le riz blanc

Aliments à IG faible ou moyen

Les aliments à IG faible ou moyen sont décomposés plus lentement et entraînent une augmentation progressive de la glycémie. En voici quelques exemples

- certains fruits et légumes
- les légumes secs
- les aliments complets, tels que les flocons d'avoine

Les aliments à faible IG sont-ils plus sains ?

Certains aliments à IG bas, comme les céréales complètes, les fruits, les légumes, les haricots et les lentilles, sont des aliments que nous devrions consommer dans le cadre d'une alimentation saine et équilibrée.

Cependant, l'utilisation de l'indice glycémique pour décider si des aliments ou des combinaisons d'aliments sont sains peut être trompeuse.

Les aliments à IG élevé ne sont pas nécessairement mauvais pour la santé et tous les aliments à IG faible ne sont pas sains. Par exemple, la pastèque et parfois le panais sont des aliments à IG élevé, alors que le gâteau au chocolat a un IG plus faible.

Par ailleurs, les aliments qui contiennent des graisses et des protéines, ou qui sont cuits avec elles, ralentissent l'absorption des glucides, ce qui abaisse leur IG. Par exemple, les chips ont un IG plus bas que les pommes de terre cuites sans graisse. Cependant, les chips sont riches en graisses et doivent être consommées avec modération.

Si vous ne consommez que des aliments à faible IG, votre alimentation risque d'être déséquilibrée et riche en graisses.

Les aliments à faible IG peuvent-ils m'aider à perdre du poids ?

Les aliments à faible IG, qui font monter et descendre lentement le taux de sucre dans le sang, peuvent vous aider à vous sentir rassasié plus longtemps. Cela peut vous aider à contrôler votre appétit et peut être utile si vous essayez de perdre du poids.

Toutefois, comme nous l'avons mentionné plus haut, tous les aliments à faible IG ne sont pas sains. Par conséquent, se fier uniquement à l'IG n'est pas un bon moyen de décider si des aliments ou des combinaisons d'aliments sont sains.

L'indice glycémique peut-il aider les personnes atteintes de diabète ?

L'indice glycémique peut être utile aux personnes atteintes de diabète de type 2, car la consommation d'aliments à faible IG peut aider à contrôler la glycémie.

Cependant, d'autres facteurs doivent également être pris en compte. Des recherches ont montré que c'est la quantité de glucides que vous consommez, plutôt que leur IG, qui a le plus d'influence sur la glycémie après les repas.

Il est également important d'avoir une alimentation saine et équilibrée, pauvre en graisses, en sucre et en sel, et riche en fruits et légumes. Si on vous a conseillé de modifier votre régime alimentaire ou si vous avez besoin de conseils, un diététicien spécialisé dans le diabète peut vous aider à élaborer un plan de régime. Demandez à votre médecin traitant de vous adresser à un diététicien.

RIZ AU CHOU-FLEUR SAUTÉ AUX CREVETTES

Pour 2 personnes

 Temps de préparation : 2 minutes

 Temps de cuisson : 15 minutes

INGRÉDIENTS

- 1 moitié de chou-fleur finement haché au robot ménager
- 150g de crevettes cuites et décongelées
- 1 poivron haché et épépiné
- 2 échalotes finement hachées
- 1 gousse d'ail écrasée
- 100g de haricots verts
- 1 pot de sauce hoi sin ou de sauce aux huîtres
- 2 oignons nouveaux pour la garniture

INSTRUCTIONS

1) Mixez la moitié du chou-fleur dans le robot. Si vous voulez, vous pouvez faire le chou-fleur entier et congeler la moitié ou la garder pour un autre jour.

2) Ajoutez 3 cuillères à soupe d'eau au chou-fleur mixé dans un bol, couvrez et passez au micro-ondes pendant 3 minutes à pleine puissance. Egouttez l'excès d'eau.

3) Hachez finement les échalotes (ou un oignon si vous en avez un) et mettez une cuillère à soupe d'huile d'olive ou végétale sur un feu moyen. Baissez le feu, ajoutez les échalotes hachées et faites-les cuire doucement pendant 5 minutes ou jusqu'à ce qu'elles soient ramollies.

4) Pendant que les échalotes cuisent, mettez de l'eau à bouillir et ajoutez une cuillère à café de sel. Ajoutez les haricots verts et faites-les bouillir doucement pendant 4 minutes, puis égouttez-les et mettez-les de côté.

5) Ajouter l'ail écrasé aux oignons et faire revenir doucement pendant une minute supplémentaire.

6) Ajoutez les poivrons hachés et faites cuire pendant 2 minutes supplémentaires.

7) Ajoutez les crevettes, le chou-fleur, les haricots verts et la sauce.

8) Mélangez-les et faites-les frire à feu moyen pendant 2 minutes.

9) Servez avec les oignons de printemps hachés sur le dessus.

BOULETTES DE POULET AVEC DES ZOODLES

Pour 2 personnes

 Temps de préparation : 10 minutes

 Temps de cuisson : 20 minutes

INGRÉDIENTS

- 450g de poulet haché (vous pouvez aussi opter pour de la dinde)
- 1 petit œuf
- 1/2 cuillère à café de poivre
- 1/2 cuillère à café de sel
- 1 cuillère à café d'ail haché
- 1 C. de fromage parmesan râpé
- 4 courgettes moyennes, en spirale
- 4 cuillères à soupe d'huile d'olive
- 2 cuillères à soupe de beurre

INSTRUCTIONS

1) Mélangez le poulet haché, l'œuf, le poivre, le sel, l'ail haché et le parmesan.

2) Faites chauffer l'huile d'olive dans une grande poêle. Former de petites boulettes de viande de 5 à 8cm à partir du mélange de poulet et les placer dans la poêle chauffée.

3) Faites-les cuire environ 5 minutes de chaque côté, soit 15 à 20 minutes au total, ou jusqu'à ce qu'elles soient bien cuites.

4) Une fois que les boulettes de viande sont bien cuites, retirez-les de la poêle.

5) Ajouter les 2 cuillères à soupe de beurre dans la poêle et ajouter les zoodles.

6) Faites cuire pendant 5 à 10 minutes.

7) Retirer et servir avec les boulettes de poulet.

SAUCISSE AVEC LÉGUMES ET POIS CHICHES

Pour 4 personnes

 Temps de préparation : 15 minutes

 Temps de cuisson : 30 minutes

INGRÉDIENTS

- 2 oignons rouges, épluchés et coupés en quatre
- 2 poivrons rouges, lavés et coupés en morceaux
- 450g de tomates cerise, lavées
- 2 grosses courgettes, lavées et coupées en gros morceaux
- 1 boîte (400g) de pois chiches cuits, égouttés et rincés
- 30ml (2 cuillères à soupe) d'huile végétale
- Sel et poivre, au goût
- 8 saucisses au chou-fleur et au cheddar fort
- 30ml (2 cuillères à soupe) d'huile d'olive
- 15ml (1 cuillère à soupe) moutarde à l'ancienne
- 30ml (2 cuillères à soupe) vinaigre balsamique
- 15ml (1 cuillère à soupe) miel

INSTRUCTIONS

1) Préchauffez le four à 200°C

2) Versez les oignons, les poivrons, les tomates, les courgettes et les pois chiches dans un grand plat à rôtir et mélangez-les avec l'huile. Assaisonnez selon votre goût.

3) Placez les saucisses congelées sur les légumes, puis mettez la plaque au four et faites cuire pendant 15 minutes.

4) Mélangez l'huile d'olive, la moutarde, le vinaigre et le miel dans une tasse.

5) Retirez la plaque du four, puis versez la vinaigrette sur le plat de saucisses et remuez bien le tout pour enrober uniformément les ingrédients.

6) Remettez la plaque au four et faites cuire pendant 15 minutes de plus ou jusqu'à ce que les saucisses soient cuites.

LENTILLE AU BEURRE INDIENNE

Pour 4 personnes

 Temps de préparation : 10 minutes

 Temps de cuisson : 50 minutes

INGRÉDIENTS

- 1 tasse de lentilles noires Urad Dal séchées
- ½ tasse de haricots rouges séchés ou en conserve
- 2 cuillères à soupe de beurre clarifié ou de beurre non salé
- 1 feuille de laurier
- 1 Piment vert fendu dans le sens de la longueur
- 1 Oignon coupé en tranches
- 1 cuillère à soupe de Gingembre + Ail
- ½ cuillère à café de cumin moulu
- 1 cuillère à café de graines de coriandre moulues
- ½ cuillère à café de poivre de Cayenne moulu
- 1 cuillère à café de Garam Masala
- 1 Tomate en dés
- 1 tasse de bouillon de légumes
- 1 cuillère à soupe de sauce tomate
- Sel au goût
- 1-2 cuillères à soupe de crème liquide
- Coriandre ou feuilles de coriandre, hachées, facultatif

INSTRUCTIONS

1) Couvrir les lentilles et les haricots d'eau. Laisser tremper toute la nuit ou pendant environ 8 heures dans l'eau.

2) Faites cuire les lentilles et les haricots à point. Utilisez un autocuiseur pour gagner du temps et de l'énergie.

3) Chauffez une poêle peu profonde avec le beurre clarifié, puis ajoutez la feuille de laurier et les moitiés de piment vert coupées en deux. Faites revenir le tout pendant une minute pour que l'arôme se développe.

4) Incorporez les tranches d'oignon et faites-les sauter à feu moyen.

5) Baisser le feu et incorporer le gingembre et l'ail. Ajouter les épices: cumin, coriandre, chili et garam masala et faire cuire en remuant pendant une minute à feu doux.

6) Incorporer les tomates en dés et les faire sauter à feu moyen.

7) Incorporer les haricots cuits, la sauce tomate et le bouillon de légumes. Bien mélanger.

8) Couvrir le plat et laisser cuire pendant environ 15 minutes pour que les saveurs se développent. Remuer de temps en temps car les haricots peuvent coller au fond de la casserole.

9) Lorsque le plat est cuit, et juste avant de servir, ajouter 1 à 2 cuillères à soupe de crème liquide au plat.

10) Garnir de coriandre fraîche hachée (feuilles de coriandre).

POULET JALAPENO AU FROMAGE

Pour 4 personnes

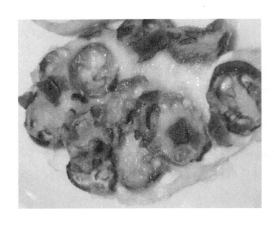

 Temps de préparation : 10 minutes

 Temps de cuisson : 50 minutes

INGRÉDIENTS

- 450g de poitrines de poulet désossées et sans peau
- 110g de fromage à la crème, ramolli
- 2 cuillères à soupe de beurre, fondu
- 1/4 c. à thé de poudre d'ail
- 4 piments jalapeños
- 1/2 tasse de fromage cheddar fort, râpé
- 1/4 tasse de bacon croustillant, émietté
- sel et poivre

INSTRUCTIONS

1) Préchauffer le four à 190°C.

2) Assaisonner les poitrines de poulet avec du sel et du poivre.

3) Mélangez le beurre fondu, le fromage frais et la poudre d'ail.

4) Lavez vos jalapeños, coupez-les en fines tranches et pour une saveur plus douce, retirez les graines.

5) Répartissez le mélange de fromage frais sur vos blancs de poulet.

6) Ajoutez les tranches de jalapeño, saupoudrez de fromage et de bacon.

7) Faites cuire au four pendant 40-45 minutes ou jusqu'à ce que le poulet atteigne une température interne de 75°C. J'ai l'habitude de vérifier les miens à 30 minutes, juste pour voir s'ils cuisent rapidement.

POULET AU CHILI VERT

Pour 4 personnes

 Temps de préparation : 10 minutes

 Temps de cuisson : 6h

INGRÉDIENTS

- 1 cuillère à soupe d'huile d'avocat ou d'huile d'olive, pour les sautés
- 800g de cuisses de poulet biologique, désossées et sans peau
- 1/4 cuillère à café d'assaisonnement pour tacos
- 2 boîtes de 110g de piments verts en dés
- 1 brin de romarin frais

INSTRUCTIONS

1) Faites chauffer l'huile d'avocat dans une grande poêle à feu moyen.

2) Utilisez des pinces pour ajouter les cuisses de poulet dans la poêle. Placez un couvercle sur la poêle et faites cuire pendant 3 minutes de chaque côté, en retournant les cuisses une fois pour les cuire uniformément.

3) Transférez le poulet dans une mijoteuse de 5 litres.

4) Versez les piments verts sur le poulet et saupoudrez l'assaisonnement pour tacos. Ajoutez la branche de romarin frais sur le dessus.

5) Couvrir la mijoteuse et cuire pendant 4 à 6 heures à température élevée ou 8 heures à température basse.

6) Servez chaud avec votre choix de riz au chou-fleur, de riz brun ou blanc cuit, ou votre plat d'accompagnement préféré.

RAGOÛT DE MOUSSAKA LIBANAISE

Pour 3 personnes

 Temps de préparation : 10 minutes

 Temps de cuisson : 40 minutes

INGRÉDIENTS

- 2 cuillères à soupe d'huile d'olive
- 1 oignon coupé en tranches
- 3 Gousses d'ail hachées
- 5-6 Tomates coupées en morceaux
- 2 grosses Aubergines coupées en morceaux,
- 3 tasses d'eau mélangée à du bouillon concentré
- 2 cuillères à soupe de purée de tomates (facultatif)
- ¼ cuillère à café de poivre noir
- ½ cuillère à café de sel
- 1-2 cuillères à café de mélasse de grenade (facultatif)
- 1 cuillère à soupe d'assaisonnement du Moyen-Orient
- 1 ½ tasse de pois chiches cuits
- Menthe pour garnir, facultatif

INSTRUCTIONS

1) Faites chauffer une grande casserole avec l'huile d'olive et ajoutez votre oignon. Faites cuire l'oignon jusqu'à ce qu'il soit translucide et tendre.

2) Ajoutez l'ail frais haché dans la casserole et faites-le cuire en remuant pendant une minute.

3) Ensuite, ajoutez la tomate et les morceaux d'aubergine.

4) Versez le bouillon sur la tomate et l'aubergine dans la poêle.

5) Ajoutez le concentré de tomate, assaisonnez de poivre noir, de sel, de mélasse de grenade et du mélange d'assaisonnement oriental de votre choix.

6) Mélangez le tout, couvrez avec un couvercle et laissez cuire jusqu'à ce que les ingrédients soient incorporés et semblent presque cuits.

7) À ce stade, ajoutez vos pois chiches égouttés et mélangez-les. Poursuivez la cuisson à feu doux. Vous pouvez faire cuire aussi longtemps que vous le souhaitez. Plus la cuisson est longue, plus votre moussaka libanaise gagnera en saveur.

8) Garnissez de menthe séchée ou fraîche.

PAIN DE VIANDE

Pour 5 personnes

 Temps de préparation : 5 minutes

 Temps de cuisson : 25 minutes

INGRÉDIENTS

- 900g de bœuf haché, mélange d'autres viandes hachées
- 1 œuf
- 2 cuillères à café de poudre d'oignon séchée
- 1 cuillère à café d'ail en poudre
- 1 cuillère à café de sel
- 1 cuillère à café de poivre noir
- 2 cuillères à soupe de levure nutritionnelle
- 1/4 de tasse de graines de lin moulues

INSTRUCTIONS

1) Préchauffer le four à 205 degrés C.

2) Combiner tous les ingrédients dans un bol, et bien mélanger.

3) Déposer le mélange dans un moule à pain graissé et presser pour lui donner sa forme.

4) Faire cuire au four pendant 25 à 30 minutes.

5) Laisser refroidir pendant 5 minutes avant de démouler et de couper en tranches.

SOUPE FAJITA AU POULET

Pour 8 personnes

 Temps de préparation : 10 minutes

 Temps de cuisson : 12 minutes

INGRÉDIENTS

- 1 ½ tasse de tomates concassées
- 1 tasse de bouillon de poulet
- 30g d'assaisonnement pour tacos
- 1 poivron rouge, épépiné et tranché
- 1 petit oignon, coupé en tranches
- 700g de cuisses de poulet congelées (ou fraîches)

INSTRUCTIONS

1) Ajouter les tomates, le bouillon et l'assaisonnement pour tacos dans la marmite instantanée.

2) Ajouter le poivron et l'oignon.

3) Remuer pour mélanger.

4) Ajouter le poulet.

5) Mettre le couvercle et le tourner pour le verrouiller.

6) Réglez la casserole instantanée en mode manuel pendant 12 minutes.

7) Une fois la cuisson terminée, appuyez sur la valve de relâchement de la pression.

8) Une fois la pression relâchée, retirez le couvercle et remuez pour mélanger.

9) Si vous le souhaitez, déchiquetez le poulet avant de servir.

10) Garnir de vos garnitures préférées et déguster !

PLATEAU DE SAUMON ET BROCOLI AU SOJA

Pour 4 personnes

 Temps de préparation : 10 minutes

 Temps de cuisson : 20 minutes

INGRÉDIENTS

- 4 filets de saumon avec la peau
- 1 tête de brocoli, coupée en fleurettes
- jus de ½ citron, ½ citron coupé en quatre
- petite botte d'oignons de printemps, coupés en tranches
- 2 cuillères à soupe de sauce soja

INSTRUCTIONS

1) Chauffez le four à 180°C/160°C. Placez le saumon dans un grand plat à rôtir, en laissant de l'espace entre chaque filet.

2) Lavez et égouttez le brocoli et, pendant qu'il est encore un peu humide, disposez-le dans le plateau autour des filets. Versez le jus de citron sur le tout, puis ajoutez les quartiers de citron.

3) Recouvrez de la moitié des oignons nouveaux, arrosez d'un peu d'huile d'olive et mettez au four pendant 14 minutes. Sortez du four, arrosez le tout avec le soja, puis remettez au four pendant 4 minutes supplémentaires jusqu'à ce que le saumon soit bien cuit. Saupoudrez avec le reste des oignons de printemps juste avant de servir.

SALADE DE TABOULÉ

Pour 4 personnes

 Temps de préparation : 15 minutes

 Temps de cuisson : 15 minutes

INGRÉDIENTS

- 1/2 tasse de blé bulgur extra fin
- 2 bottes de persil, lavées, finement hachées
- 1 bouquet de feuilles de menthe fraîche, lavées, finement hachées
- 1 oignon blanc, finement haché
- 2 grenades de taille moyenne, épluchées et épépinées
- Un filet d'huile d'olive extra vierge
- Le jus d'un citron
- Sel marin
- Poivre fraîchement moulu

INSTRUCTIONS

1) Couvrez le boulgour dans un bol d'eau bouillante avec une assiette par-dessus (comme pour la cuisson du couscous). L'eau est rapidement absorbée par le boulgour. Mettre de côté.

2) Ajoutez les herbes hachées, les oignons et les "bijoux" de grenade dans un bol. Une fois le boulgour refroidi, ajoutez-le également. Versez l'huile d'olive, ajoutez le jus de citron, assaisonnez de sel et de poivre et servez.

COURGE SPAGHETTI JAMBALAYA CAJUN FRUITS DE MER

Pour 2 personnes

 Temps de préparation : 35 minutes

 Temps de cuisson : 25 minutes

INGRÉDIENTS

- 1 grande courge spaghetti, entièrement cuite et déchiquetée en "nouilles" de spaghetti
- 2 cuillères à soupe d'huile d'olive
- 1 tasse d'oignon haché
- 1 tasse de poivron vert haché
- 1 tasse de céleri haché
- 1 grosse cuillère à café d'ail haché
- 2 tasses de champignons frais coupés en tranches
- 1 tasse de tomates en dés
- 1 tasse de bouillon de poulet
- 2 cuillères à soupe de sauce Worcestershire, (utiliser une marque sans gluten)
- 1 cuillère à café de sel
- 1 cuillère à café de poivre
- 1 à 2 cuillères à café d'assaisonnement cajun
- 450g de saucisses d'Andouille, tranchées (utiliser une marque sans gluten)
- 450g de crevettes cuites, décortiquées
- 1 tasse de palourdes
- 1 tasse de chair de crabe, hachée

INSTRUCTIONS

1) Couper la tige de la courge spaghetti, couper la courge en deux et retirer les graines. Placez environ 1.5cm d'eau dans le fond d'un plat de cuisson peu profond.

2) Saupoudrez la partie charnue de la courge d'une pincée de sel, puis retournez les deux moitiés dans le plat de cuisson. Faire cuire au micro-ondes à puissance maximale pendant 20 à 25 minutes.

3) Retirez la courge du micro-ondes, retournez les moitiés et utilisez les dents d'une fourchette pour aérer la courge (elle doit ressembler à des nouilles spaghetti).

4) Ajouter de l'huile d'olive dans une grande poêle et faire sauter l'oignon, le céleri, l'ail, les poivrons verts et les champignons.

5) Ajouter les tomates en dés, le bouillon de poulet, la sauce Worcestershire, le sel, le poivre et l'assaisonnement Cajun au mélange, puis remuer.

6) Ajouter la saucisse d'Andouille et faire cuire à feu moyen pendant 10 à 15 minutes. Ajouter les crevettes, les palourdes et la chair de crabe au mélange, laisser mijoter jusqu'à ce que les fruits de mer soient bien cuits.

7) Servir le jambalaya sur un lit de nouilles de courge spaghetti chaudes.

KEDGEREE DE MAQUEREAU FUMÉ

Pour 4 personnes

 Temps de préparation : 25 minutes

 Temps de cuisson : 20 minutes

INGRÉDIENTS

- 1 cuillère à soupe d'huile végétale
- 1 oignon, finement haché
- 1 piment vert, épépiné et finement haché (facultatif)
- 15g de racine de gingembre, finement hachée
- 1 cuillère à soupe de poudre de curry moyenne
- 1 cuillère à café de garam masala
- une grosse pincée de curcuma moulu
- 1 cuillère à café de graines de moutarde (facultatif)
- 200g de riz basmati
- 600ml de bouillon de légumes
- 2 gros œufs
- 150g de petits pois surgelés, décongelés
- 200g de filets de maquereaux fumés et poivrés

POUR SERVIR
- ½ paquet de 25g de ciboulette, finement hachée
- 100g de yaourt nature
- ½ citron, coupé en quartiers

INSTRUCTIONS

1) Faites chauffer l'huile dans une grande casserole et ajoutez l'oignon haché, et le piment si vous l'utilisez. Faites cuire à feu doux pendant quelques minutes jusqu'à ce que l'oignon soit tendre et commence à brunir. Ajoutez le gingembre, le curry, le garam masala, le curcuma et les graines de moutarde, si vous en utilisez. Laissez cuire quelques minutes de plus jusqu'à ce que le mélange soit parfumé.

2) Ajoutez le riz et remuez-le bien, puis ajoutez le bouillon de légumes. Portez à ébullition, puis baissez le feu et couvrez avec le couvercle de la casserole. Laissez cuire pendant 15 minutes jusqu'à ce que le riz soit tendre et ait absorbé le bouillon.

3) Pendant ce temps, faites cuire les œufs dans l'eau bouillante pendant 6½ minutes. Rincez-les sous l'eau froide jusqu'à ce qu'ils soient assez froids pour être manipulés et épluchés. Une fois le riz cuit, mélangez les petits pois avec le riz, retirez du feu, couvrez et mettez de côté pendant 5 minutes.

4) Retirer la peau des filets de maquereau et les casser en gros flocons, puis les mélanger délicatement au riz. Coupez les œufs en quatre et servez-les sur le kedgeree. Saupoudrez de ciboulette, arrosez de yaourt et servez avec des quartiers de citron à presser.

PICADILLO À LA MANGUE

Pour 4 personnes

 Temps de préparation : 5 minutes

 Temps de cuisson : 20 minutes

INGRÉDIENTS

- 2 cuillères à soupe d'huile d'olive
- ¼ d'oignon haché
- 1 poivron rouge haché
- 1 mangue hachée
- 1 gousse d'ail
- 1 cuillère à café de sel
- ½ cuillère à café de poivre noir
- 450g de dinde hachée
- 1 boîte de pois chiches égouttés
- 2 cuillères à soupe de pâte de tomate
- ½ tasse de bouillon de poulet
- 1 cuillère à café d'origan séché
- 1 ½ cuillère à café de paprika fumé

INSTRUCTIONS

1) À feu moyen-élevé, faire chauffer l'huile et ajouter les oignons, le poivron, l'ail, le sel et le poivre. Faire sauter pendant 3-4 minutes, ou jusqu'à ce que les oignons et les poivrons commencent à ramollir avant d'ajouter la dinde hachée.

2) Faire cuire la dinde hachée, en la retournant de temps en temps, pendant 6 à 7 minutes, ou jusqu'à ce qu'elle soit dorée.

3) Une fois que la dinde hachée est dorée, ajouter le reste des ingrédients. Baisser le feu à moyen et laisser mijoter la sauce et la dinde pendant 5 à 6 minutes supplémentaires pour que les saveurs s'imprègnent.

4) Goûter pour ajouter du sel et du poivre.

CURRY DE PATATES DOUCES ET HARICOTS NOIRS

Pour 10 personnes

 Temps de préparation : 50 minutes

 Temps de cuisson : 45 minutes

INGRÉDIENTS

- 2 oignons, 1 en dés, 1 grossièrement haché
- 2 cuillères à soupe d'huile de tournesol
- 50g de gingembre, grossièrement haché
- petite botte de coriandre, feuilles et tiges séparées
- 3 cuillères à soupe d'assaisonnement jerk
- 2 brins de thym
- 400g de tomate hachée en boîte
- 4 cuillères à soupe de vinaigre de vin rouge
- 3 cuillères à soupe de sucre demerara
- 2 cubes de bouillon de légumes, émiettés
- 1kg de patate douce, épluchée et coupée en morceaux
- 2 boîtes de 400g de haricots noirs, rincés et égouttés
- 450g de poivron rouge rôti en bocal, coupé en tranches épaisses

INSTRUCTIONS

1) Dans une grande poêle ou une casserole, faites ramollir doucement l'oignon coupé en dés dans l'huile de tournesol.

2) Pendant ce temps, mélangez l'oignon grossièrement haché, le gingembre, les tiges de coriandre et l'assaisonnement jerk avec un mixeur à main. Ajoutez-les à l'oignon ramolli et faites-les frire jusqu'à ce qu'ils soient parfumés. Incorporer le thym, les tomates hachées, le vinaigre, le sucre et les cubes de bouillon avec 600ml d'eau et porter à ébullition. Laissez mijoter pendant 10 minutes, puis ajoutez les patates douces et laissez mijoter pendant 10 minutes supplémentaires. Ajoutez les haricots, les poivrons et un peu d'assaisonnement, et laissez mijoter encore 5 minutes jusqu'à ce que les patates soient presque tendres. Laissez refroidir et mettez au frais jusqu'à 2 jours.

3) Pour servir, faites chauffer doucement le plat sur la plaque de cuisson. Hachez grossièrement la plupart des feuilles de coriandre et incorporez-les, puis servez en éparpillant les feuilles restantes.

RISOTTO À L'ORGE, AU POULET ET AUX CHAMPIGNONS

Pour 4 personnes

 Temps de préparation : 10 minutes

 Temps de cuisson : 50 minutes

INGRÉDIENTS

- 1 cuillère à soupe de beurre
- 1 cuillère à soupe d'huile d'olive
- 2 grosses échalotes, finement émincées
- 1 gousse d'ail, hachée
- 3 poitrines de poulet sans peau, coupées en gros morceaux
- 300g d'orge perlé
- 250ml de vin blanc
- 400g de champignons sauvages et de châtaignes, hachés
- 1 cuillère à soupe de feuilles de thym
- 1l de bouillon de poulet chaud
- 3 cuillères à soupe de parmesan râpé
- Ciboulette ciselée, pour servir (facultatif)
- copeaux de parmesan, pour servir (facultatif)

INSTRUCTIONS

1) Dans une grande casserole épaisse, faites chauffer le beurre et l'huile. Faites revenir les échalotes et l'ail avec un peu d'assaisonnement pendant 5 min, puis incorporez le poulet et laissez cuire pendant 2 min.

2) Ajoutez l'orge et laissez cuire pendant 1 minute. Versez le vin et remuez jusqu'à ce qu'il soit absorbé. Ajoutez les champignons et le thym, puis versez les ¾ du bouillon. Laissez cuire pendant 40 min à petit feu jusqu'à ce que l'orge soit tendre, en remuant de temps en temps et en complétant avec le reste du bouillon si celui-ci semble sec. Retirez du feu et incorporez le parmesan râpé. Servez immédiatement, en parsemant de ciboulette et de copeaux de parmesan, si vous le souhaitez.

ŒUFS AU FOUR À L'AVOCAT

Pour 4 personnes

 Temps de préparation : 5 minutes

 Temps de cuisson : 20 minutes

INGRÉDIENTS

- 2 gros avocats mûrs
- 4 œufs moyens
- Sel marin et poivre noir au goût
- ½ c. de fromage Cheddar Jack râpé
- 3 bandes de bacon sans sucre cuites croustillantes et émiettées
- Garniture facultative : ciboulette ou oignons verts, parties vertes seulement, coupés en lamelles.

INSTRUCTIONS

1) Préchauffer le four à 180°C et tapisser une plaque à pâtisserie à rebord de papier parchemin.

2) Couper les avocats en deux dans le sens de la longueur et retirer les noyaux. À l'aide d'une cuillère, retirer soigneusement une partie de la chair de l'avocat autour du noyau afin de créer plus d'espace pour l'œuf. Réservez la chair retirée pour une autre utilisation (ou écrasez-la, salez et poivrez selon votre goût, et garnissez chaque moitié d'avocat cuite d'une cuillerée avant de servir).

3) Casser un œuf dans un petit bol, puis le transférer délicatement dans l'une des moitiés d'avocat préparées. Placez l'avocat rempli sur la plaque de cuisson préparée et répétez ce processus avec les autres moitiés d'avocat et les œufs. Assaisonnez chacun d'eux de sel et de poivre noir, selon votre goût.

4) Placez les moitiés d'avocat farcies dans le four préchauffé et faites-les cuire pendant 20 à 25 minutes, ou jusqu'à ce que les œufs soient cuits selon vos préférences.

5) Retirer du four et garnir chaque moitié d'avocat de fromage cheddar jack râpé et de morceaux de bacon croustillant. Garnir de ciboulette ou d'oignons verts tranchés, si désiré, et servir immédiatement.

FAJITAS DE POULET À LA POÊLE

Pour 8 personnes

 Temps de préparation : 10 minutes

 Temps de cuisson : 15 minutes

INGRÉDIENTS

- 450g de poulet, coupé en fines lamelles
- ½ poivron vert, rouge, orange et jaune - en tranches fines
- ½ oignon rouge - en fines lamelles
- 1 cuillère à soupe d'huile d'olive
- 2 jalapeno - épépinés et coupés en dés
- 1 citron vert
- 8-10 tortillas de farine de 15cm
- Assaisonnement
- 1 cuillère à café de poudre de chili
- ¼ c. à thé de cayenne
- 1 cuillère à café de paprika
- 1 c. à thé de poudre d'oignon
- 1 cuillère à café de poudre d'ail
- 1 ½ c. à thé de cumin
- ½ c. à café de coriandre
- 1 cuillère à café de sel de mer et de poivre

INSTRUCTIONS

1) Préchauffer le four à 220°C.

2) Ajouter tous les assaisonnements pour fajitas dans un bol avec 1 cuillère à soupe d'huile d'olive. Bien mélanger.

3) Incorporer le poulet et les légumes. Bien mélanger pour les enrober uniformément.

4) Placer le poulet au centre de la poêle, en veillant à ne pas trop en mettre, sinon il ne sera pas croustillant.

5) Disposer les légumes le long de chaque bord du moule.

6) Faire cuire au four pendant 15 minutes. Envelopper les tortillas dans du papier d'aluminium et les réchauffer au four pendant les 5 dernières minutes de cuisson du poulet.

SPAGHETTI À LA BOLOGNAISE

Pour 4 personnes

 Temps de préparation : 15 minutes

 Temps de cuisson : 20 minutes

INGRÉDIENTS

- 1 cuillère à soupe d'huile d'olive
- 1 oignon brun coupé en petits dés
- 2 gousses d'ail écrasées
- 2-3 branches de céleri finement coupées en dés
- 500g de bœuf, haché maigre
- 250g de champignon, commun en petits dés
- 2 tomates en dés de 400g, en conserve
- 1 poivron rouge coupé en petits dés
- 1 cuillère à café d'origan, d'herbes séchées ou mélangées
- sel et poivre au goût
- 1 courgette épluchée en longues bandes fines
- 200g de pâtes, spaghettis riches en fibres si possible

INSTRUCTIONS

1) Chauffer l'huile dans une grande poêle ou une casserole à feu moyen et ajouter l'oignon, l'ail et le céleri. Faites-les sauter jusqu'à ce qu'ils soient légèrement ramollis.

2) Ajouter le hachis et faire cuire en remuant régulièrement jusqu'à ce qu'il soit brun.

3) Ajouter les champignons jusqu'à ce qu'ils soient légèrement ramollis. Incorporer ensuite les tomates et le poivron.

4) Saupoudrer d'herbes, saler et poivrer au goût, et laisser mijoter pendant 10 minutes jusqu'à ce que tous les légumes soient tendres.

5) Pendant ce temps, faire cuire les spaghettis secs selon les instructions du paquet. Egouttez-les.

6) Placez les nouilles de courgette dans une passoire et faites bouillir la bouilloire. Verser l'eau bouillante sur les courgettes pour les ramollir et incorporer les spaghettis cuits.

7) Servez et appréciez !

SOUPE AU CHOU-FLEUR VÉGÉTALIENNE

Pour 2 personnes

 Temps de préparation : 10 minutes

 Temps de cuisson : 20 minutes

INGRÉDIENTS

- 1 petite tête de chou-fleur ou 1/2 tête de gros chou-fleur environ 500g
- 1 cuillère à soupe d'huile d'olive
- 2 gousses d'ail émincées
- 2 brins de thym
- 350ml ou 1 1/2 tasse de bouillon de légumes ou d'eau
- 120ml ou 1/2 tasse de lait de coco léger
- sel et poivre noir fraîchement moulu au goût
- 4 cuillères à soupe de graines de grenade pour décorer
- 2 brins de thym pour décorer

INSTRUCTIONS

1) Divisez la tête de chou-fleur en bouquets ou hachez-la grossièrement. Vous pouvez utiliser les feuilles si vous le souhaitez, mais elles changeront la couleur de la soupe. Si vous voulez que votre soupe de chou-fleur soit purement blanche, jetez les feuilles.

2) Faites sauter l'ail haché dans l'huile d'olive dans une grande poêle jusqu'à ce qu'il soit odorant, pendant environ 2 minutes. Ajouter le bouillon de légumes ou l'eau, les branches de thym et les bouquets de chou-fleur. Portez à ébullition, couvrez, réduisez le feu et laissez cuire pendant 15-20 minutes.

3) Jeter le thym et mixer jusqu'à obtention d'une consistance lisse, à l'aide d'un mixeur plongeant ou d'un robot de cuisine. Vous pouvez travailler par lots.

4) Ajoutez le lait de coco léger et assaisonnez de sel et de poivre noir fraîchement moulu selon votre goût. Garnissez de graines de grenade et de thym frais. Savourez !

COQUETIERS D'ŒUFS AU BACON ET AUX ÉPINARDS

Pour 6 personnes

 Temps de préparation : 15 minutes

 Temps de cuisson : 40 minutes

INGRÉDIENTS

- spray de cuisson
- 4 tranches de bacon épais, coupées en dés
- ½ paquet (350g) d'épinards hachés surgelés, décongelés et égouttés
- 4 champignons, hachés
- ¼ poivron vert, haché
- 2 tranches d'oignon, hachées
- 1 pincée de sel et de poivre noir moulu au goût
- 6 œufs
- 1 cuillère à soupe de crème épaisse à fouetter
- 1 ¼ tasse de fromage râpé, divisé
- ½ cuillère à café de sel
- ¼ cuillère à café de poivre noir moulu
- 1 pincée de poudre d'oignon
- 1 pincée de poudre d'ail

INSTRUCTIONS

1) Préchauffer le four à 175 degrés C. Vaporiser 12 moules à muffins d'aérosol de cuisson.

2) Faire cuire et remuer le bacon dans une poêle à feu moyen-élevé jusqu'à ce qu'il soit croustillant, environ 10 minutes. Transférer le bacon dans un bol, en réservant la graisse de bacon dans la poêle.

3) Combiner les épinards, les champignons, le poivron vert, l'oignon, le sel et le poivre noir moulu au goût dans la poêle avec la graisse de bacon ; cuire et remuer jusqu'à ce que les légumes soient ramollis, environ 5 minutes. Transférer le mélange de légumes dans un bol et le placer au congélateur pour qu'il refroidisse, environ 5 minutes.

4) Fouetter les œufs et la crème dans un bol ; incorporer 1 tasse de fromage, 1/2 cuillerée à thé de sel, 1/4 cuillerée à thé de poivre noir moulu, la poudre d'oignon et la poudre d'ail. Ajouter les légumes et le bacon refroidis au mélange d'œufs et mélanger délicatement.

5) Déposer 1/4 de tasse du mélange d'œufs dans chaque moule à muffins ; garnir chaque moule du reste du fromage.

6) Faire cuire dans le four préchauffé jusqu'à ce que les coquetiers soient pris, environ 20 minutes.

POULET AU FOUR À L'ORIENTALE

Pour 6 personnes

 Temps de préparation : 20 minutes

 Temps de cuisson : 55 minutes

INGRÉDIENTS

- 1/2 tasse de riz brun instantané
- 450g de poitrine de poulet coupée en morceaux de 2.5cm
- 1 tasse de céleri en dés
- 1 poivron rouge haché
- 1 poivron vert haché
- 1/2 tasse de céleri haché
- 230g de châtaignes d'eau rincées et égouttées
- 2/3 tasse d'eau
- 2 cuillères à soupe de coconut aminos
- 1 cuillère à soupe de vinaigre de vin de riz
- 1 cuillère à soupe d'ail haché
- 1/2 cuillère à soupe de gingembre émincé
- 1/2 c. à café de cumin
- 1/4 cuillère à café de sel
- 1/2 cuillère à café de poivre
- 1 tasse de noix de cajou crues
- oignons verts pour la garniture

INSTRUCTIONS

1) Préchauffer le four à 190 °C et vaporiser un grand plat à gratin d'un aérosol de cuisson antiadhésif.

2) Placer le riz brun au fond de la cocotte, ajouter de l'eau, puis le céleri et le poivron. Le riz doit être du riz instantané et doit être placé dans la cocotte non cuit avec le poulet et les légumes. Le riz ordinaire ne sera pas entièrement cuit. Si vous utilisez du riz ordinaire, faites-le cuire séparément.

3) Placer le poulet sur les légumes.

4) Dans un autre bol, mélanger les assaisonnements avec les aminos de noix de coco, le vinaigre de riz, l'ail et le gingembre, puis ajouter le mélange à la cocotte. Déposer les châtaignes d'eau sur le dessus.

5) Faire cuire 45 minutes à 190°C à découvert.

6) Retirer du four, ajouter les noix de cajou et cuire encore 10 minutes.

7) Garnir d'oignons verts tranchés et servir.

PÂTES À LA PANCETTA ET AU TALEGGIO

Pour 4 personnes

 Temps de préparation : 10 minutes

 Temps de cuisson : 45 minutes

INGRÉDIENTS

- 400g de rigatoni ou de penne
- 2 cuillères à café d'huile d'olive
- 200g de pancetta, hachée
- 1 oignon, finement haché
- 50g de beurre non salé, plus un supplément pour graisser
- 40g de farine ordinaire
- 600ml de lait
- 1 feuille de laurier
- 250g de fromage Taleggio, sans la croûte
- Persil plat, haché, pour servir

INSTRUCTIONS

1) Faites cuire les rigatoni dans une grande casserole d'eau bouillante salée en suivant les instructions du paquet jusqu'à ce qu'ils soient al dente.

2) Pendant ce temps, placez une grande casserole antiadhésive sur un feu moyen, ajoutez l'huile et faites revenir la pancetta et l'oignon, en remuant fréquemment, pendant 4-5 minutes. Retirer un tiers de la pancetta à l'aide d'une cuillère à trous et réserver.

3) Préchauffez le four à 220°C.

4) Ajoutez le beurre dans la poêle et, lorsqu'il a fondu, incorporez la farine et faites cuire pendant 30 secondes jusqu'à ce qu'elle soit mélangée. Incorporer progressivement le lait en fouettant, puis ajouter la feuille de laurier et porter à un léger frémissement. Réduisez le feu à doux et laissez cuire pendant 5 minutes, en remuant, jusqu'à ce que le mélange soit épais et lisse. Coupez le fromage en petits cubes et incorporez-en les deux tiers dans la sauce. Dès que le fromage est fondu, retirez la casserole du feu et assaisonnez de sel et de poivre.

5) Égouttez les pâtes, puis mélangez-les à la sauce au fromage. Transférer dans un plat allant au four légèrement beurré et parsemer du reste du Taleggio et de la pancetta réservée. Faites cuire au four pendant 20 à 25 minutes jusqu'à ce que la sauce soit dorée et bouillonnante.

6) Saupoudrer de persil, assaisonner de poivre et servir immédiatement.

SAUTÉ DE PORC À LA TERIYAKI

Pour 6 personnes

 Temps de préparation : 10 minutes

 Temps de cuisson : 35 minutes

INGRÉDIENTS

POUR LE PORC :
- 1 longe de porc (sans assaisonnement)
- 2 poivrons rouges, coupés en dés et épépinés
- 1 paquet de pois mange-tout (2 tasses)
- 10 champignons baby bella, coupés en tranches
- 2 tiges d'oignons nouveaux (2 tasses)
- 1 cuillère à soupe d'huile d'olive
- 1/2 tasse de sauce teriyaki

POUR LA SAUCE :
- 4 cuillères à soupe de sauce teriyaki
- 1 cuillère à soupe de gingembre frais
- 2 cuillères à soupe de sucre brun
- 2 cuillères à soupe d'ail
- 2 cuillères à café de poivre noir concassé

INSTRUCTIONS

1) Mettez la marmite instantanée en mode "sauté". Ajouter l'huile d'olive.

2) Placer la longe de porc dans la marmite instantanée et la saisir de tous les côtés. Ajouter ensuite la sauce teriyaki et arrêter le mode "sauté".

3) Placez le couvercle sur la marmite instantanée. Mettre la valve en position fermée. Réglez à la haute pression pendant 30 minutes. Une fois que la marmite instantanée cesse de compter, relâchez rapidement la pression.

4) Pendant ce temps, coupez les poivrons, les champignons et les oignons en tranches. Laissez la ciboulette sur le côté dans un petit bol. Déposer le porc sur une planche à découper et le trancher.

5) Réglez la marmite instantanée en mode "sauté". Placez les légumes et les fruits dans la marmite. Placez le couvercle sur le dessus, mais ne le verrouillez pas. Laisser cuire à la vapeur pendant 2 minutes, puis remuer. Faire cuire à la vapeur pendant encore 2 minutes, puis vérifier la tendreté des légumes.

6) Mélanger la cassonade, la sauce teriyaki, le gingembre et l'ail. Verser sur les légumes et bien remuer. Ajouter le porc et éteindre le mode de cuisson. Garnir de poivre noir.

FAJITAS DE BŒUF

Pour 4 personnes

 Temps de préparation : 5 minutes

 Temps de cuisson : 10 minutes

INGRÉDIENTS

- 450g de lanières de bœuf à sauter
- 1 oignon rouge moyen
- 1 poivron rouge
- 1 poivron jaune
- ½ cuillère à café de cumin
- ½ cuillère à café de poudre de piment
- un filet d'huile
- Sel
- Poivre
- Le jus d'un demi-citron vert
- Coriandre fraîchement hachée
- 1 avocat

INSTRUCTIONS

1) Chauffer une poêle en fonte à feu moyen.

2) Laver et épépiner les poivrons, puis les trancher en longues bandes de 0,5 cm d'épaisseur. Mettre de côté.

3) Peler et trancher l'oignon rouge. Mettez-le de côté.

4) Une fois la poêle chaude, ajouter un filet d'huile. Lorsque l'huile est chaude, ajouter les bandes à sauter en 2 ou 3 lots. Veiller à ce que les lanières ne se touchent pas.

5) Saler et poivrer généreusement chaque lot de bœuf à sauter dans la poêle. Faites cuire pendant environ 1 minute par côté, puis mettez de côté sur une assiette et couvrez pour garder au chaud.

6) Une fois que tout le bœuf est cuit et mis de côté, ajoutez les oignons et les poivrons émincés au jus de viande restant. Assaisonner avec le cumin et la poudre de chili, puis faire sauter jusqu'à la consistance désirée.

7) Transférer les légumes et les lanières de bœuf sautés dans une assiette et servir avec des tranches d'avocat, un filet de jus de citron et un peu de coriandre fraîche.

JARRETS D'AGNEAU AVEC ORGE, PETITS POIS ET MENTHE

Pour 6 personnes

 Temps de préparation : 15 minutes

 Temps de cuisson : 2h

INGRÉDIENTS

- 1 cuillère à soupe d'huile d'olive
- 4 jarrets d'agneau
- 1 oignon brun, haché
- 4 tasses de bouillon de poulet
- 1 1/2 tasse d'orge perlé
- 1 1/2 tasse de petits pois du jardin
- 1 poignée de menthe fraîche
- 1 jus d'orange
- Flocons de sel marin et poivre moulu

INSTRUCTIONS

1) Préchauffez le four à 180°C.

2) Placez une grande cocotte sur la cuisinière à feu moyen-élevé. Versez l'huile et, lorsqu'elle est chaude, ajoutez les jarrets et faites-les dorer de tous côtés, en les retournant de temps en temps, pendant environ 8 minutes. Repousser légèrement les jarrets sur le côté du plat et réduire le feu.

3) Ajoutez l'oignon et faites-le cuire pendant environ 8 minutes, ou jusqu'à ce qu'il soit doré. Verser le bouillon, porter à un frémissement vif, couvrir et mettre au four pendant environ 1½ heure, ou jusqu'à ce que les jarrets soient tendres.

4) Rincez l'orge, égouttez-la et ajoutez-la dans la cocotte, en veillant à ce qu'elle soit recouverte de liquide. Si ce n'est pas le cas, ajoutez un peu plus de bouillon. Couvrez et faites cuire pendant environ 25-30 minutes, ou jusqu'à ce que l'orge soit al dente, en ajoutant les petits pois dans les 5 dernières minutes de cuisson.

5) Hacher grossièrement la moitié de la menthe et l'incorporer au zeste et au jus d'orange, ainsi que le sel et le poivre au goût. À l'aide de fourchettes, retirez la viande de l'os et servez-la avec le mélange d'orge et de pois, garni des feuilles de menthe restantes.

SOUPE VÉGÉTALIENNE CAROTTES RÔTIES ET LENTILLES

Pour 4 personnes

 Temps de préparation : 5 minutes

 Temps de cuisson : 35 minutes

INGRÉDIENTS

- 1 kg de carottes pelées ou non, à vous de voir.
- 1 tête d'ail
- 1 cuillère à soupe d'huile d'olive
- 1/4 cuillère à café de poivre noir fraîchement moulu
- 1/4 de cuillère à café de sel
- 100g ou 1/2 tasse de lentilles rouges
- 1 cuillère à café de Ras-el-Hanout
- 1 cuillère à café de curcuma
- 1/2 cuillère à café de paprika doux
- 1/4 cuillère à café de poivre noir fraîchement moulu
- 1 petit piment rouge (facultatif, pour plus de piquant)
- 4 à 5 cuillères à soupe de persil italien plat haché, pour décorer.
- Pain naan, pour servir (facultatif)

INSTRUCTIONS

1) Préchauffez le four à 200 °C. Coupez vos carottes en bâtonnets. Vous n'êtes pas obligé de les éplucher mais vous pouvez le faire. Disposez vos carottes sur une plaque de cuisson en une seule couche. Coupez le sommet d'une tête d'ail et mettez-la sur les carottes. Arrosez d'huile d'olive, assaisonnez de sel et de poivre. Faites cuire au four pendant 25-30 minutes ou jusqu'à ce que les carottes soient dorées. Elles doivent être tendres mais pas en bouillie lorsqu'on les pique avec une fourchette.

2) Pendant ce temps, faites bouillir les lentilles rouges dans une casserole moyenne. Portez-les à ébullition, couvrez et laissez cuire pendant 15 minutes ou vérifiez les instructions sur l'emballage.

3) Lorsque les carottes sont cuites, les transférer dans une casserole avec les gousses d'ail épluchées. Versez de l'eau chaude, juste assez pour couvrir les légumes. Ajouter les épices et porter à ébullition. Réduire la soupe en purée à l'aide d'un mixeur plongeant ou d'un robot ménager jusqu'à ce qu'elle soit lisse. Ajouter les lentilles et mélanger pour combiner.

4) Servir dans des bols, garnis de persil et assaisonnés de sel et de poivre au goût. Servir du pain Naan ou tout autre pain plat. Appréciez !

SALADE DE THON À LA CHAYOTE

Pour 4 personnes

 Temps de préparation : 10 minutes

 Temps de cuisson : -

INGRÉDIENTS

- 1 chayotte épépinée et dénoyautée, hachée
- 1 boîte de thon à l'eau égouttée
- 2 cuillères à soupe de poivrons rouges et verts hachés
- 1 à mato haché
- 2 cuillères à soupe de coriandre hachée
- sel et poivre au goût
- 1 cuillère à café d'origan séché
- 2 cuillères à soupe d'huile d'olive
- le jus de 1-2 limes

INSTRUCTIONS

1) Dans un grand bol, mélanger tous les ingrédients. Couvrir et réfrigérer 30 minutes avant de servir.

SOUPE INSTANTANÉE POULET HARICOTS BLANCS

Pour 4 personnes

 Temps de préparation : 5 minutes

 Temps de cuisson : 12 minutes

INGRÉDIENTS

- 5 poitrines de poulet (peuvent être congelées)
- 1/2 tasse d'oignon haché
- 1 tasse de courge butternut hachée
- 1 boîte de tomates hachées
- 1 boîte de haricots beurre
- 1 cube de bouillon de légumes
- 200ml d'eau chaude
- 1 cuillère à café de paprika
- 1 cuillère à café de piment en poudre
- 1 cuillère à café d'ail en poudre
- 1 cuillère à café d'herbes mélangées

INSTRUCTIONS

1) Placez la poitrine de poulet congelée dans le fond de votre casserole instantanée.

2) Ajoutez l'oignon haché, la courge butternut et les haricots blancs.

3) Mélangez 200ml d'eau chaude avec le cube de bouillon de légumes.

4) Versez le bouillon de légumes dans la marmite.

5) Ajoutez une boîte de tomates coupées en morceaux dans la marmite. Vous pouvez également ajouter une tasse de tomates fraîchement coupées.

6) Ajoutez l'ail en poudre, le piment en poudre, le paprika et les herbes mélangées.

7) Fermez le couvercle de la marmite instantanée et faites cuire pendant 12 minutes (si vous utilisez du poulet frais, retirez 4 minutes).

8) Une fois que les aliments sont cuits, laissez sortir la vapeur avec précaution, puis déchiquetez le poulet à l'aide de deux fourchettes.

CÔTELETTES DE PORC CRÉMEUSES INSTANTANÉES

Pour 4 personnes

 Temps de préparation : 5 minutes

 Temps de cuisson : 15 minutes

INGRÉDIENTS

- 1 oignon moyen
- 4 côtelettes de porc désossées
- sel et poivre au goût
- 2 cubes de bouillon de bœuf ou de légumes
- 1 tasse d'eau chaude
- 1 cuillère à café de sauce Worchestershire
- 1/3 de tasse de crème aigre
- Purée de légumes racines ou riz au chou-fleur
- Légumes verts de votre choix

INSTRUCTIONS

1) Commencez par faire revenir les côtelettes de porc en mode "sauté".

2) Hachez et ajoutez les oignons et faites-les cuire jusqu'à ce qu'ils soient tendres. Mélangez ensuite une tasse d'eau avec le bouillon de bœuf ou de légumes.

3) Ajoutez la sauce Worcestershire et versez le mélange sur les côtelettes de porc et les oignons.

4) Ajoutez un dessous de plat à votre casserole et mettez-y les légumes que vous souhaitez manger avec vos repas. Le brocoli et les autres légumes verts sont une excellente option si vous faites des côtelettes de porc.

5) Faites cuire sous pression pendant 8 minutes. Une fois les aliments cuits, relâchez naturellement la pression pendant 5 minutes, puis laissez sortir le reste de la pression.

6) Si vous souhaitez épaissir votre sauce, vous pouvez ajouter une cuillère à café de farine de maïs. Enfin, ajoutez la crème aigre au liquide et remuez.

ROULEAU D'OEUFS DANS UN BOL

Pour 4 personnes

 Temps de préparation : 15 minutes

 Temps de cuisson : 15 minutes

INGRÉDIENTS

- 600g de saucisse de porc épicée en vrac.
- ¼ tasse d'eau
- 3 tasses de chou vert râpé
- 1 carotte moyenne râpée
- ½ cuillère à café de poudre d'ail
- 2 cuillères à soupe d'huile de sésame grillé
- ½ cuillère à soupe de gingembre frais finement émincé
- 2 cuillères à soupe d'oignons verts hachés
- 1 cuillère à soupe de vinaigre de riz
- 2 cuillères à soupe de coconut aminos ou de tamari
- poivre noir au goût
- Sel marin au goût
- 1 cuillère à soupe de graines de sésame grillées (facultatif)

INSTRUCTIONS

1) Chauffer une grande poêle à bords hauts à feu moyen-vif.

2) Ajouter la saucisse et la faire cuire pendant environ 5 à 6 minutes, en cassant la viande en petits morceaux au fur et à mesure de la cuisson. Une fois que la saucisse n'est plus rose, retirer du feu et vider soigneusement l'excès de graisse de la poêle.

3) Remettre la poêle sur le feu. Ajoutez l'eau et grattez les morceaux bruns du fond de la poêle avec une spatule. Réduire le feu à moyen et ajouter le chou râpé, les carottes, la poudre d'ail, le gingembre et les oignons verts. Assaisonner de sel et de poivre noir, au goût, et faire cuire, en remuant fréquemment, jusqu'à ce que le chou se fane et que la carotte ramollisse, soit environ 4 à 5 minutes.

4) Ajouter le vinaigre de riz, l'huile de sésame et les aminos de noix de coco. Remuer pour combiner le tout. Faire cuire encore 1 à 2 minutes ou jusqu'à ce que le tout soit bien chaud. Retirer du feu et transférer dans un plat de service ou un bol. Saupoudrer de graines de sésame grillées, le cas échéant, et servir immédiatement. Bon appétit !

PÂTES AU SARRASIN OIGNONS CARAMÉLISÉS PETITS POIS

Pour 8 personnes

 Temps de préparation : 10 minutes

 Temps de cuisson : 25 minutes

INGRÉDIENTS

- 2 cuillères à soupe d'huile d'olive
- 2 gros oignons rouges, finement émincés
- 2 gousses d'ail, finement hachées
- 2 cuillères à soupe de feuilles de sauge hachées
- 1 cuillère à soupe de vinaigre balsamique
- 350g de spaghetti de sarrasin sans gluten
- 2 tasses (240g) de petits pois surgelés, décongelés
- 2 cuillères à soupe de parmesan râpé

INSTRUCTIONS

1) Faites chauffer l'huile dans une poêle à feu moyen. Ajoutez l'oignon, l'ail et la sauge, assaisonnez, puis faites cuire, en remuant de temps en temps, pendant 20 minutes ou jusqu'à ce que l'oignon soit doré. Ajouter le balsamique et cuire pendant 5 minutes supplémentaires ou jusqu'à ce qu'il soit caramélisé.

2) Pendant ce temps, faites cuire les pâtes dans une grande casserole d'eau bouillante salée selon les instructions du paquet, en ajoutant les petits pois pendant les 3 dernières minutes de cuisson, jusqu'à ce que les pâtes soient al dente et les petits pois tendres.

3) Egouttez les pâtes et les petits pois et remettez-les dans la poêle. Ajoutez l'oignon caramélisé (ou la marmelade d'oignon si vous en utilisez) et mélangez le tout. Servir avec du parmesan.

SALADE DE THON À LA NIÇOISE

Pour 1 personne

 Temps de préparation : 10 minutes

 Temps de cuisson : 5 minutes

INGRÉDIENTS

- 110g de steak de thon ahi
- 1 œuf entier
- 85g de bébés épinards (2 tasses)
- 60g de haricots verts
- 40g de brocoli
- ½ poivron rouge
- 100g de concombre
- 1 radis
- 3 grosses olives noires
- Une poignée de persil
- 1 cuillère à café d'huile d'olive
- 1 cuillère à café de vinaigre balsamique
- ½ cuillère à café de moutarde de Dijon
- ½ cuillère à café de poivre

INSTRUCTIONS

1) Faire bouillir l'oeuf, puis le mettre de côté pour le refroidir.

2) Faites cuire le brocoli et les haricots à la vapeur, puis mettez-les de côté. 2-3 minutes au micro-ondes avec un peu d'eau ou 3 minutes dans une casserole d'eau bouillante font l'affaire.

3) Faites chauffer un peu d'huile dans une poêle à feu vif. Assaisonnez le thon avec du poivre sur tous les côtés, puis placez-le dans la poêle et faites-le cuire pendant environ 2 minutes de chaque côté.

4) Ajoutez les épinards dans votre saladier ou votre assiette.

5) Coupez le poivron, le concombre et l'œuf en petits morceaux. Ajoutez-les sur les épinards.

6) Coupez le radis en rondelles et mélangez-le avec le brocoli, les haricots et les olives. Ajoutez-les à la salade d'épinards.

7) Couper le thon en tranches et l'ajouter à la salade.

8) Fouettez ensemble l'huile d'olive, le vinaigre balsamique, la moutarde, le sel et le poivre.

9) Hacher le persil et l'ajouter à la vinaigrette.

10) Utiliser une cuillère pour arroser la salade avec la vinaigrette.

RIZ FRIT AU QUINOA

Pour 2 personnes

 Temps de préparation : 5 minutes

 Temps de cuisson : 10 minutes

INGRÉDIENTS

- 1 1/2 tasse de quinoa, cuit
- 3 œufs
- 1 carotte, hachée
- 1/3 de tasse de petits pois surgelés
- 1/2 tasse de chou-fleur ou de brocoli, haché
- 1/2 tasse de chou haché
- 2 oignons verts, hachés
- 1 gousse d'ail, émincée
- 1-2 cuillères à soupe de sauce soja
- 1 cuillère à soupe d'huile de sésame
- 2 cuillères à soupe d'huile de coco ou d'olive

INSTRUCTIONS

1) Dans une poêle antiadhésive de taille moyenne, brouiller les œufs dans l'huile d'olive.

2) Une fois prêts, ajoutez la gousse d'ail et mélangez, puis ajoutez le chou-fleur et les petits pois, faites cuire pendant 2 minutes en brouillant.

3) Ajouter le quinoa et le reste des ingrédients, remuer de temps en temps pendant 5 minutes.

4) Ajoutez de la sauce soja ou de l'huile de sésame si nécessaire.

5) Éteignez le feu et servez.

6) Profitez de votre dîner rapide !

SOUPE DE CREVETTES AU CURRY ET À LA NOIX DE COCO

Pour 2 personnes

 Temps de préparation : 5 minutes

 Temps de cuisson : 10 minutes

INGRÉDIENTS

- 2 tasses/ 400ml de lait de coco
- 1/2 courgette, hachée
- 170g de crevettes, décortiquées et déveinées
- 5 feuilles de citron vert ou de citronnelle
- 1 1/2 cuillère à café de pâte de curry rouge
- une poignée de coriandre, hachée

INSTRUCTIONS

1) Ajoutez le lait de coco et la pâte de curry dans une petite casserole et faites cuire à feu moyen-élevé en remuant jusqu'à l'obtention d'un bouillon lisse et homogène (cela peut prendre 3 à 4 minutes). Vous pouvez aussi fouetter les ingrédients au lieu de les remuer, ce qui peut accélérer le processus.

2) Une fois que le curry et le lait de coco sont mélangés, ajoutez les crevettes et les feuilles de citron vert ou la citronnelle. Faites cuire pendant quelques minutes jusqu'à ce que les crevettes deviennent roses.

3) Incorporez les courgettes et éteignez le feu.

4) Retirez les feuilles de citron vert si vous en utilisez et servez avec de la coriandre fraîche.

WRAPS DE LAITUE AU SAUMON

Pour 3-4 personnes

 Temps de préparation : 5 minutes

 Temps de cuisson : 7 minutes

INGRÉDIENTS

- 350g de saumon
- une petite botte de coriandre
- 1 gousse d'ail
- 1 cuillère à soupe de gingembre finement haché
- 7 pointes d'asperges vertes
- 2 carottes
- 3 oignons verts
- 1/2 tasse de cubes de courgettes

SERVIR/VERNIR AVEC :
- citron
- quelques graines de lin
- un peu de poivre noir
- une tête de laitue
- une tomate
- du concombre
- du fromage frais végétalien à l'ail

INSTRUCTIONS

1) Hacher les carottes, les échalotes, les courgettes, la coriandre et émincer l'ail et le gingembre frais. Retirer les tiges des asperges (la partie la plus dure) et couper la botte de pointes d'asperges en 3 parties. Coupez le saumon en cubes.

2) Dans une grande poêle antiadhésive, faites cuire le saumon à feu moyen-élevé, couvercle couvert. Ajouter un peu d'eau, 1-2 cuillères à soupe si nécessaire - c'est juste pour que le saumon ne colle pas, je n'ai pas eu besoin d'eau, mais cela pourrait être différent. Après 1-2 min, ajouter les asperges (à cette étape, assurez-vous qu'il n'y a pas d'eau dans la poêle !) et couvrir à nouveau pendant 2 min.
Puis ajouter le gingembre et l'ail, remuer.

3) Ensuite, ajoutez les carottes, les oignons verts et les courgettes.

4) Remuez sans couvercle pendant 2 minutes de plus (ou jusqu'à ce que le saumon soit cuit). À la fin, ajoutez la coriandre et éteignez le feu.

5) Assemblez les feuilles de laitue. En bas - étalez un peu de fromage à la crème végétalien à l'ail, puis la garniture au saumon que vous venez de préparer, complétez avec quelques concombres et tomates si vous le souhaitez. Saupoudrez de graines de lin, de poivre noir et de jus de citron.

PÂTES À LA COURGETTE

Pour 1 personne

 Temps de préparation : 10 minutes

 Temps de cuisson : 5 minutes

INGRÉDIENTS

- 2 courgettes, épluchées
- 1 cuillère à soupe d'huile d'olive
- ¼ tasse d'eau
- sel et poivre noir moulu au goût

INSTRUCTIONS

1) Couper les courgettes en tranches dans le sens de la longueur à l'aide d'un éplucheur de légumes, en s'arrêtant au niveau des graines. Retourner les courgettes et continuer à les éplucher jusqu'à ce qu'elles soient toutes en longues bandes ; jeter les graines. Couper les courgettes en bandes plus fines ressemblant à des spaghettis.

2) Chauffer l'huile d'olive dans une poêle à feu moyen ; faire cuire les courgettes dans l'huile chaude pendant 1 minute en les remuant. Ajouter l'eau et cuire jusqu'à ce que les courgettes soient ramollies, de 5 à 7 minutes. Assaisonner de sel et de poivre.

CHOU-FLEUR EN PURÉE

Pour 4 personnes

 Temps de préparation : 10 minutes

 Temps de cuisson : 10 minutes

INGRÉDIENTS

- 1 tête de chou-fleur, coupée en fleurons
- ½ tasse de fromage à la crème fouetté
- 2 gousses d'ail, émincées
- 1 c. à thé de sel assaisonné

INSTRUCTIONS

1) Amener une grande casserole d'eau légèrement salée à ébullition. Faire cuire le chou-fleur dans l'eau bouillante jusqu'à ce qu'il soit tendre, environ 6 minutes ; égoutter. Éponger le chou-fleur avec une serviette en papier pour enlever le plus d'humidité possible.

2) Mélanger le chou-fleur, le fromage à la crème, l'ail et le sel assaisonné dans un robot culinaire jusqu'à ce que le mélange soit presque lisse.

CHOU-FLEUR BROUILLÉ

Pour 6 personnes

 Temps de préparation : 15 minutes

 Temps de cuisson : 25 minutes

INGRÉDIENTS

- 1 tête de chou-fleur, coupée en fleurons
- ½ tasse de fromage cheddar râpé
- ½ tasse de fromage parmesan râpé
- 2 gros œufs, battus
- ½ cuillère à café de poivre de Cayenne, ou au goût
- ¼ cuillère à café de sel, ou au goût
- 2 cuillères à soupe de beurre

INSTRUCTIONS

1) Placer le chou-fleur dans une grande casserole et couvrir d'eau ; porter à ébullition. Réduire le feu à moyen-doux et laisser mijoter jusqu'à ce qu'il soit tendre, de 7 à 10 minutes. Égoutter.

2) Écraser le chou-fleur dans un bol jusqu'à ce qu'il soit lisse. Incorporer au chou-fleur le fromage cheddar, le parmesan, les œufs, le poivre de Cayenne et le sel.

3) Faire fondre le beurre dans une poêle à feu moyen-élevé. Verser le mélange de chou-fleur dans le beurre chaud et faire cuire jusqu'à ce qu'il soit doré, environ 5 minutes. Retourner le mélange de chou-fleur ; cuire et remuer jusqu'à ce que le mélange soit plus friable que crémeux, environ 10 minutes de plus.

POIVRONS FARCI

Pour 6 personnes

 Temps de préparation : 20 minutes

 Temps de cuisson : 50 minutes

INGRÉDIENTS

- aérosol de cuisson
- 700g de surlonge hachée
- 230g de saucisses de porc en vrac
- 6 tomates Roma, hachées, divisées
- 1 petit oignon blanc, coupé en petits dés
- 1 cuillère à soupe de beurre
- 2 cuillères à café d'ail écrasé
- 1 cuillère à café d'origan séché, ou au goût
- ½ cuillère à café de graines de fenouil, ou au goût
- poivre assaisonné au goût
- 4 gros poivrons verts, le dessus et les graines enlevés
- 170g de fromage feta émietté
- ½ tasse de fromage parmesan râpé
- ½ tasse de fromage mozzarella râpé (facultatif)

INSTRUCTIONS

1) Enduisez un plat à gratin d'un spray de cuisson.

2) Faire cuire la surlonge hachée et la saucisse dans une poêle à feu moyen-doux jusqu'à ce qu'elles soient dorées et friables, en remuant souvent, de 5 à 10 minutes. Égoutter soigneusement. Incorporer les 3/4 des tomates, l'oignon, le beurre, l'ail, l'origan, les graines de fenouil et le poivre assaisonné. Laisser mijoter à feu doux jusqu'à ce que le mélange de viande soit homogène, environ 20 minutes.

3) Préchauffez le four à 175 degrés C.

4) Remplir les poivrons du mélange de viande, en alternant avec des couches de fromage feta et de fromage parmesan. Placer les poivrons farcis côte à côte dans le plat à gratin préparé ; ajouter le reste des tomates autour et sous les poivrons pour qu'elles cuisent vers le haut et dans les poivrons. Saupoudrer de fromage mozzarella.

5) Faire cuire au four préchauffé jusqu'à ce que le tout soit bruni et bouillonnant, environ 30 minutes.

STEAK SALISBURY

Pour 6 personnes

 Temps de préparation : 10 minutes

 Temps de cuisson : 40 minutes

INGRÉDIENTS

STEAKS SALISBURY :
- 900g de bœuf haché
- 1 oignon coupé en dés
- 2 œufs
- 1 cuillère à soupe de sauce Worcestershire
- 1 cuillère à soupe de flocons de persil séché
- 2 cuillères à café de sel
- ½ cuillère à café de poudre d'ail
- ½ cuillère à café de poudre d'oignon (facultatif)
- ½ cuillère à café de poivre noir moulu

SAUCE :
- 7 cuillères à soupe de beurre
- 2 tasses de champignons de Paris tranchés, ou plus au goût
- 1 cuillère à soupe de farine tout usage
- 1 tasse de bouillon de bœuf
- 1 cuillère à café de sauce Worcestershire
- ½ tasse de crème sure
- sel et poivre noir moulu au goût

INSTRUCTIONS

1) Mélanger le bœuf haché, l'oignon, les œufs, 1 cuillère à soupe de sauce Worcestershire, le persil, 2 cuillères à café de sel, la poudre d'ail, la poudre d'oignon et 1/2 cuillère à café de poivre dans un bol. Divisez le mélange de steak en 6 portions et formez des galettes.

2) Chauffer une grande poêle à feu moyen-élevé. Faire cuire les galettes, 3 à la fois, jusqu'à ce qu'elles soient légèrement dorées d'un côté, environ 5 minutes. Retourner et cuire jusqu'à ce que l'autre côté soit bruni, environ 5 minutes de plus. Répéter l'opération avec les autres galettes, en éliminant l'excès de liquide. Placer les biftecks Salisbury sur une assiette et couvrir de papier d'aluminium pour maintenir la chaleur.

3) Faire fondre le beurre dans la même poêle à feu moyen. Ajouter les champignons et cuire jusqu'à ce qu'ils soient dorés, environ 5 minutes. Transférer les champignons dans un bol, en réservant le beurre dans la poêle.

4) Incorporer la farine au beurre jusqu'à ce qu'elle soit dissoute. Verser lentement le bouillon de bœuf, en remuant jusqu'à épaississement, environ 7 minutes. Ajouter 1 cuillère à café de sauce Worcestershire ; cuire, en remuant fréquemment, jusqu'à ce que la sauce commence à épaissir légèrement, environ 5 minutes. Ajouter la crème aigre et assaisonner de sel et de poivre. Cuire en remuant jusqu'à ce que toute la crème sure soit fondue et que la sauce soit légèrement brune, environ 2 minutes.

5) Incorporer les champignons dans la sauce. Retirer du feu et laisser refroidir jusqu'à épaississement, environ 2 minutes. Verser la sauce et les champignons à la louche sur les galettes de bœuf.

FRITES DE COURGETTE

Pour 6 personnes

 Temps de préparation : 30 minutes

 Temps de cuisson : 25 minutes

INGRÉDIENTS

- 2 courgettes
- 1 cuillère à soupe de sel
- 2 œufs
- ½ tasse d'amandes moulues
- ½ tasse de fromage parmesan râpé
- ½ cuillère à café d'assaisonnement d'herbes italiennes séchées, ou au goût

INSTRUCTIONS

1) Préchauffer le four à 220 degrés°C. Recouvrir une plaque à pâtisserie de papier sulfurisé.

2) Couper les courgettes en longueurs de 8cm, puis couper chaque morceau en 9 frites. Placer les frites de courgette dans une passoire et saupoudrer de sel. Laissez les morceaux de courgette s'égoutter pendant au moins 1 heure pour éliminer l'excès de liquide.

3) Battre les œufs dans un bol peu profond. Mélanger les amandes, le parmesan et l'assaisonnement italien dans un deuxième bol peu profond. Rincez le sel sur les courgettes et séchez-les avec du papier absorbant.

4) Tremper chaque morceau de courgette dans l'œuf battu et le rouler dans l'enrobage aux amandes. Déposer les frites enrobées sur la plaque à pâtisserie préparée.

5) Faire cuire au four préchauffé jusqu'à ce que les courgettes soient tendres et que l'enrobage soit croustillant et bruni, environ 25 minutes, en les retournant à mi-cuisson.

LASAGNES DE COURGETTE

Pour 6 personnes

 Temps de préparation : 20 minutes

 Temps de cuisson : 1h

INGRÉDIENTS

- spray de cuisson
- 1 ½ grosse courgette, tranchée finement dans le sens de la longueur
- 1 cuillère à soupe d'huile d'olive
- 450g de bœuf haché
- 1 ½ tasse de sauce marinara à faible teneur en glucides
- 2 cuillères à café de sel, divisées
- 1 cuillère à café d'origan séché
- ½ cuillère à café de poivre noir moulu
- 1 contenant de fromage ricotta (230g)
- 1 gros œuf
- ½ cuillère à café de noix de muscade moulue
- 2 tasses de fromage mozzarella râpé
- ¼ tasse de fromage parmesan râpé
- papier d'aluminium

INSTRUCTIONS

1) Préchauffer le four à 190 degrés C. Graisser un plat de cuisson de 20cm avec un spray de cuisson.

2) Éponger les tranches de courgettes avec un essuie-tout pour enlever l'excès d'humidité. Mettre de côté.

3) Faire chauffer l'huile d'olive dans une casserole à feu moyen-élevé. Ajouter le bœuf haché ; cuire jusqu'à ce qu'il soit bruni, de 5 à 8 minutes. Ajouter la sauce marinara, 1 c. à thé de sel, l'origan et le poivre ; laisser mijoter pendant 10 minutes. Mettre de côté.

4) Dans un bol, mélanger le fromage ricotta, l'œuf, 1 c. à thé de sel et la muscade ; bien mélanger. Mettre de côté.

5) Disposer une couche de tranches de courgettes dans le plat de cuisson préparé. Recouvrir de la moitié de la sauce. Ajouter une autre couche de tranches de courgettes. Étendre le mélange de ricotta sur le dessus. Saupoudrer de la moitié du fromage mozzarella. Ajouter une autre couche de tranches de courgettes ; couvrir du reste de la sauce et garnir du reste du fromage mozzarella et du parmesan. Couvrir le plat de cuisson de papier d'aluminium.

6) Faire cuire au four préchauffé pendant 30 minutes. Retirer le papier d'aluminium et faire cuire jusqu'à ce que le dessus soit doré, environ 15 minutes de plus.

PAIN À LA BANANE

Pour 12 personnes

 Temps de préparation : 10 minutes

 Temps de cuisson : 45 minutes

INGRÉDIENTS

- 1 ½ tasse de farine tout usage
- 1 tasse de sucre blanc
- 1 cuillère à café de bicarbonate de soude
- 1 cuillère à café de sel
- 1 œuf
- ½ tasse de mayonnaise légère
- 3 bananes mûres, écrasées
- 1 cuillère à café d'extrait de vanille

INSTRUCTIONS

1) Préchauffer le four à 180 degrés C. Graisser et fariner un moule à pain de 23x 13cm. Fouettez la farine, le sucre, le bicarbonate de soude et le sel dans un bol.

2) Battre l'œuf dans un saladier. Incorporer la mayonnaise, les bananes et l'extrait de vanille jusqu'à ce que le mélange soit homogène. Incorporez le mélange de farine jusqu'à ce qu'il ne reste plus de grumeaux secs. Versez la pâte dans le moule à pain préparé.

3) Faites cuire au four préchauffé jusqu'à ce qu'un cure-dent inséré au centre en ressorte propre, soit environ 45 minutes. Laisser refroidir dans le moule pendant 10 minutes avant de le retirer et de le laisser refroidir complètement sur une grille.

GÂTEAU AU FROMAGE

Pour 16 personnes

 Temps de préparation : 15 minutes

 Temps de cuisson : 45 minutes

INGRÉDIENTS

POUR LA CROÛTE :
- 2 tasses de farine d'amandes blanchies
- ⅓ tasse de beurre, fondu
- 3 cuillères à soupe d'édulcorant érythritol en poudre
- 1 cuillère à café d'extrait de vanille

POUR LA GARNITURE :
- 4 paquets (230g) de fromage à la crème, ramolli.
- 1 ¼ tasse d'édulcorant érythritol en poudre
- 3 gros œufs
- 1 cuillère à soupe de jus de citron
- 1 cuillère à café d'extrait de vanille
- ¼ cuillère à café de zeste de citron

INSTRUCTIONS

1) Préchauffer le four à 180 degrés C. Graisser un moule à charnière de 23cm et tapisser le fond de papier sulfurisé. Enveloppez le fond et les côtés du moule de papier d'aluminium si vous craignez des fuites.

2) Dans un petit bol, mélangez la farine d'amande, le beurre, l'érythritol et l'extrait de vanille jusqu'à ce qu'ils soient bien combinés ; le mélange sera friable. Pressez-le dans le fond du moule préparé.

3) Faire cuire sur la grille centrale du four préchauffé jusqu'à ce que les biscuits soient dorés, de 10 à 12 minutes. Laisser refroidir pendant 10 minutes.

4) Entre-temps, battre le fromage à la crème et l'édulcorant en poudre à l'aide d'un batteur électrique sur socle ou à main à basse vitesse jusqu'à ce que le mélange soit mousseux. Incorporer les œufs, un par un, en battant. Ajouter le jus de citron, l'extrait de vanille et le zeste de citron ; battre jusqu'à ce que le tout soit bien combiné.

5) Faire cuire au four préchauffé, sur la grille centrale, jusqu'à ce que le gâteau soit presque pris et légèrement secoué au centre, de 45 à 55 minutes.

6) Retirer du four et laisser refroidir dans le moule. Laissez le gâteau dans le moule, couvrez-le et réfrigérez-le pour qu'il prenne complètement, au moins 4 heures ou toute la nuit. Passez un couteau doucement sur les côtés, détachez le moule et retirez-le délicatement ; il devrait se détacher facilement.

COOKIES POUR LE PETIT-DÉJEUNER

Pour 8 personnes

 Temps de préparation : 10 minutes

 Temps de cuisson : 12 minutes

INGRÉDIENTS

- 1 ½ tasse de flocons d'avoine
- ½ tasse de farine de blé entier
- ½ tasse de farine tout usage
- ½ tasse de sucre brun léger
- 1 ½ cuillère à café de germe de blé
- ½ cuillère à café de levure chimique
- ½ cuillère à café de bicarbonate de soude
- ¼ cuillère à café de sel
- 1 banane mûre, écrasée
- ¼ tasse de compote de pommes non sucrée
- 2 blancs d'œufs
- 1 cuillère à café d'extrait de vanille
- ½ tasse de pépites de chocolat
- ½ tasse de canneberges séchées

INSTRUCTIONS

1) Préchauffer le four à 180 degrés C. Recouvrez une plaque à pâtisserie de papier sulfurisé ou d'un tapis en silicone.

2) Dans un grand bol, mélanger l'avoine, la farine de blé entier, la farine tout usage, la cassonade, le germe de blé, la poudre à pâte, le bicarbonate de soude et le sel. Ajoutez la banane, la compote de pommes, les blancs d'œufs et l'extrait de vanille ; mélangez bien. Incorporer délicatement les grains de chocolat et les canneberges à la pâte. Déposer la pâte, environ 1 cuillère à soupe à la fois, sur la plaque à pâtisserie préparée.

3) Faire cuire dans le four préchauffé jusqu'à ce que les biscuits soient dorés, environ 12 minutes.

BROWNIES AUX DATTES

Pour 16 personnes

 Temps de préparation : 10 minutes

 Temps de cuisson : 20 minutes

INGRÉDIENTS

- 1 tasse de dattes Deglet Noor dénoyautées
- 1 tasse d'eau chaude
- ½ tasse de beurre non salé, ramolli
- 2 gros œufs
- 2 cuillères à café d'extrait de vanille
- ⅓ tasse de farine de blé entier
- ⅓ tasse de poudre de cacao non sucré
- ½ cuillère à café de bicarbonate de soude
- ¼ cuillère à café de sel
- ½ tasse de pépites de chocolat mi-sucré (facultatif)

INSTRUCTIONS

1) Placez les dattes dans un petit bol et versez-y de l'eau chaude. Faites-les tremper pendant 10 à 15 minutes.

2) Préchauffez le four à 180 degrés C. Recouvrez un plat de cuisson de 20x20cm de papier sulfurisé, en laissant suffisamment de papier pour qu'il dépasse sur les côtés du plat.

3) Égouttez les dattes et mettez-les dans un robot culinaire. Pulsez jusqu'à ce que les dattes soient complètement lisses, de 1 à 2 minutes. Si la pâte de dattes est trop épaisse, ajoutez de l'eau chaude, une cuillère à soupe à la fois, jusqu'à ce qu'elle soit complètement réduite en purée.

4) Ajoutez le beurre ramolli dans le robot et mixez-le en 30 secondes environ. Ajoutez les œufs et l'extrait de vanille et mixez jusqu'à ce que le mélange soit léger et mousseux, environ 1 minute. Ajoutez la farine de blé entier, la poudre de cacao, le bicarbonate de soude et le sel. Pulser jusqu'à ce que le mélange soit tout juste combiné, environ 30 secondes. Incorporer délicatement les pépites de chocolat à la main. Verser la pâte dans le plat de cuisson préparé.

5) Faire cuire au four préchauffé jusqu'à ce que les bords commencent à peine à prendre, de 20 à 25 minutes. Laisser refroidir dans le moule pendant 10 minutes, puis retirer les brownies du moule en soulevant délicatement les bords du papier sulfurisé. Laisser refroidir complètement sur une grille de refroidissement. Couper en 16

MUFFINS AUX POMMES ET AUX ÉPICES

Pour 12 personnes

 Temps de préparation : 15 minutes

 Temps de cuisson : 25 minutes

INGRÉDIENTS

- spray de cuisson
- 1 tasse de farine de blé entier pour pâtisserie
- 1 tasse de farine tout usage
- ½ cuillère à café de bicarbonate de soude
- 1 pincée de sel
- ½ cuillère à café de cannelle moulue
- ¼ cuillère à café de noix de muscade moulue
- ¼ cuillère à café de piment de la Jamaïque moulu
- ¼ cuillère à café de gingembre moulu
- 2 gros blancs d'œufs
- ⅔ tasse de lait écrémé
- ⅔ tasse de yaourt nature sans graisse
- 1 tasse de sucre brut
- 1 cuillère à soupe d'huile de canola
- ¼ cuillère à café d'extrait de vanille
- 1 tasse de pommes pelées et hachées

INSTRUCTIONS

1) Préchauffer le four à 180 degrés C. Vaporiser 12 moules à muffins d'aérosol de cuisson.

2) Dans un grand bol, mélanger au fouet la farine de blé entier, la farine tout usage, le bicarbonate de soude, le sel, la cannelle, la muscade, le piment de la Jamaïque et le gingembre jusqu'à ce que le mélange soit homogène. À l'aide de vos doigts, faites un puits au centre des ingrédients secs.

3) Dans un autre bol, fouettez les blancs d'oeufs, le lait écrémé, le yogourt, le sucre brut, l'huile de canola et l'extrait de vanille jusqu'à ce que le mélange soit homogène ; incorporez-y la pomme hachée.

4) Versez les ingrédients liquides dans le puits des ingrédients secs et mélangez pour obtenir une pâte épaisse.

5) Versez la pâte dans les moules à muffins préparés, en les remplissant aux 2/3 environ.

6) Faire cuire les muffins dans le four préchauffé jusqu'à ce qu'ils soient légèrement dorés et qu'un cure-dent inséré au centre en ressorte propre, soit de 25 à 30 minutes.

7) Laisser refroidir les muffins dans leurs moules pendant environ 5 minutes avant de les retirer pour les laisser refroidir sur des grilles.

PANCAKES

Pour 4 personnes

 Temps de préparation : 5 minutes

 Temps de cuisson : 15 minutes

INGRÉDIENTS

- 60g de fromage à la crème, ramolli
- 2 œufs
- 1 cuillère à café de sucre blanc
- ½ cuillère à café de cannelle moulue
- spray de cuisson

INSTRUCTIONS

1) Combiner le fromage à la crème, les œufs, le sucre et la cannelle dans un mélangeur ; mélanger jusqu'à consistance lisse. Laissez reposer 2 minutes ou tapez légèrement sur le comptoir pour éliminer les bulles.

2) Chauffer une poêle à feu moyen et la graisser avec un aérosol de cuisson. Verser 1/4 de la pâte dans la poêle ; cuire jusqu'à ce que des bulles commencent à se former, environ 2 minutes. Retourner et cuire jusqu'à ce que la pâte soit bien cuite, environ 1 minute. Transférer dans une assiette propre. Répéter avec le reste de la pâte.

CROUSTILLANT AUX FRAISES ET À LA RHUBARBE

Pour 6 personnes

 Temps de préparation : 20 minutes

 Temps de cuisson : 40 minutes

INGRÉDIENTS

- 4 tasses de rhubarbe fraîche hachée
- 1 pinte de fraises, équeutées et coupées en tranches
- 1 cuillère à soupe de miel
- 1 tasse de flocons d'avoine
- ½ tasse de sucre brun tassé
- ¼ tasse de beurre
- 1 cuillère à café de cannelle moulue

INSTRUCTIONS

1) Préchauffez le four à 180 degrés.

2) Dans un bol moyen, mélanger la rhubarbe, les fraises et le miel. Transférer dans un plat de cuisson peu profond. Dans le même bol, mélanger l'avoine, la cassonade et la cannelle. Incorporer le beurre jusqu'à ce qu'il soit friable, puis l'étaler sur les fruits.

3) Faire cuire pendant 40 minutes dans le four préchauffé, jusqu'à ce que la rhubarbe soit tendre et que la garniture soit grillée. Servir chaud.

Printed in France by Amazon
Brétigny-sur-Orge, FR

13548569R00060